yuigue

Impr. à Trévoux.

NOTICE

SUR

L'ANCIENNE IMPRIMERIE DE TRÉVOUX

PAR

M.-C. GUIGUE.

Il y a quelques années, M. Alexandre Sirand publia une *Bibliographie générale du département de l'Ain*, précédée d'une notice sur chacune de ses imprimeries. Il était très-difficile, je pourrais même dire impossible, de rendre complet un ouvrage conçu sur un plan aussi vaste, aucune monographie particulière n'étant venue, avant lui, défricher la route et planter des jalons sur ce terrain inexploré. L'imprimerie de Trévoux, qui ne laisse pas de jeter un certain lustre sur cette petite ville, n'y occupe qu'une place bien étroite. Aussi c'est à elle que nous consacrons cet article. Concentrant toutes nos recherches sur un seul point, nous fûmes assez heureux pour rencontrer des documents pleins d'intérêt qui nous permirent de suivre ses révolutions et de connaître à peu près son importance. Peut-être notre bonne fortune ou des communications officieuses nous en feront-elles découvrir encore? Nous ne donnons donc cette notice que comme un essai d'un travail beaucoup plus étendu que nous publierons plus tard.

I. CLAUDE MORILLON.

Le premier document que nous avons pu découvrir concernant l'établissement de l'imprimerie en Dombes est un privilége du 28 décembre 1603, accordé par Henri de Bourbon-Montpensier à Claude Morillon, imprimeur et libraire, natif de Villefranche en Beaujolais. Après avoir prêté serment entre les mains de Nicolas Renaud, conseiller au parlement de Dombes, il fut installé en son office par arrêt de la même cour du 9 février 1605. Ce privilége lui donnait la faculté de s'établir dans toute la souveraineté et d'y vendre et débiter « les livres qu'il y imprimera, pourveu qu'ils ayent esté « duement tous approuvés par les docteurs de l'Eglise et qu'il « n'y ait en iceux chose contraire à la religion catholique, « apostolique et romaine.» Tous les livres que nous connaissons sortis de ses presses sont datés de Lyon. Il prenait le titre d'imprimeur des souverains de Dombes et leurs armes pour marque. Peut-être n'a-t-il pu exercer en Dombes, quoiqu'il en eût obtenu le privilége. C'est ce que nous n'avons pu vérifier.

II. JEAN MOLIN.

En 1670, Jean Molin, imprimeur à Lyon, demanda à s'établir à Trévoux pour y exercer sa profession. Anne-Marie-Louise d'Orléans, toujours disposée à favoriser tout ce qui pouvait contribuer au bien-être de ses sujets et à répandre tout à la fois et la connaissance et le goût des belles-lettres qu'elle-même cultivait avec succès, le lui permit par lettres-patentes données à Dunkerque le 12 mai 1671, enregistrées au Parlement de Dombes, le 16 décembre suivant. Pour faciliter le développement de cet art, elle exempta Molin de toutes charges, et ordonna que tout ce qui émanerait du Parlement fût imprimé à Trévoux. « Enjoignons, « dit-elle aussi, à tous nos sujets de porter et de faire imprimer « en ladite imprimerie toutes autres choses sans réserves, « dont ils auront besoin pour leur usage et intérest. »

Molin et ses ayant droit imprimèrent à Trévoux un assez grand nombre d'ouvrages dont la plupart, malgré les termes formels du privilége, furent publiés sous une fausse rubrique; ce qui fait qu'on n'en trouve que fort peu aujourd'hui datés de cette ville.

Les principaux ouvrages imprimés par eux sont : *L'Histoire des Juifs*, de Flavius Josèphe, traduction d'Arnaud d'Andilly, 5 vol. in-12, Trévoux, 1672 ; l'*Abrégé chronologique de l'histoire de France*, de Mezeray, 9 vol. in-12, 1674, sous la rubrique d'*Amsterdam* ; les *Réflexions sur les vérités évangéliques contre les passages corrompus par les tarducteurs (sic) de Mons*, par le P. Maximin d'Aix, in-4, Trévoux, 1681 ; le *Monde enchanté de Balthasar Bekker*, 7 vol. in-12, en 1694-1696, sous la rubrique d'*Amsterdam*, etc.

III. PIERRE LE ROUGE.

Le duc du Maine, en vertu de la donation à lui faite par Mademoiselle de Montpensier, le 2 février 1682, entra après sa mort en possession de la Dombes, et transporta, en 1696, à Trévoux le parlement qui, jusque là, avait siégé à Lyon par emprunt de territoire. M. de Montezan, premier président du Parlement, voyant le peu de soin que donnait à l'imprimerie André Molin, successeur de Jean, écrivit à ce sujet à M. de Malézieu, lors chancelier de Dombes. Molin mit en jeu tous les ressorts qu'il put faire jouer pour que la lettre de M. de Montezan restât sans effet. Celui-ci fit ressortir de nouveau tous les avantages dont jouirait la souveraineté avec une imprimerie sérieusement établie, et dit de plus qu'on ne devait avoir aucun égard au privilége de Molin, qui « en avoit fait une fausse parade pour en abuser et « travailler à Lyon comme s'il avoit habité Trévoux (1). » En conséquence, le duc du Maine donna un privilége à Pierre le Rouge, le 20 février 1697, enregistré le 18 juillet suivant.

La teneur de ce privilége lui donnait toutes les garanties désirables pour fonder un établissement prospère. « Luy permettons, dit-il, à l'exclusion de tous autres, d'avoir des presses « et caractères ; d'imprimer, faire imprimer en tel volume, « marge et caractère qu'il avisera bon être, tous bons livres gé- « néralement de quelques sciences, arts libéraux ou mécani-

(1) Arch. de l'Empire, E. 2 6661.

« ques qu'ils puissent traiter ; circonstances et dépendances, en « quelque langue, en quelque sorte et manière que ce puisse « être, et de quelques lieux que l'exposant les puisse tirer ; tant « sur les copies imprimées dans le royaume de France ou païs « étrangers, que sur les manuscrits qui pourroient tomber en-« tre les mains de l'exposant ou des siens ; les faire vendre et « débiter dans toute l'étendue de notre souveraineté en vertu « des présentes, sans qu'il soit obligé de nous demander d'au-« tres priviléges et d'obtenir aucune autre permission, et ce, « pendant trente années consécutives à commencer du jour des « présentes. »

Les imprimeurs de Lyon, poussés par Molin, qui leur faisait craindre la concurrence que pourrait leur faire Le Rouge en venant s'établir en Dombes, d'où il était facile de faire écouler en fraude au dehors les ouvrages sortis de ses presses, firent enlever aux barrières les caractères et le papier qu'il conduisait à Trévoux, débauchèrent les ouvriers qu'il avait engagés, battirent et maltraitèrent ceux qui voulurent le suivre. Deux seulement vinrent avec lui, malgré les coups qu'ils avaient reçus et les menaces qu'on leur avait faites « de leur briser et rompre « les jambes s'ils travailloient dans la souveraineté (1). » Le Rouge s'établit dans l'ancien couvent des religieux du tiers-ordre de Saint-François, où il fit poser deux presses.

Les officiers de Lyon refusèrent de faire droit à Le Rouge, qui demandait la restitution de ses marchandises. Le duc du Maine s'en plaignit à M. de Pontchartrain, qui, par son intervention, mit fin à ce différend. Voici la lettre du duc du Maine à M. de Pontchartrain :

« M. de Chamillard m'a témoigné de la part de M. de Pontchartrain qu'il désapprouvoit fort l'insulte qu'on a faite, à Lyon, au directeur de mon imprimerie, et qu'il n'attendoit qu'un plus grand éclaircissement pour luy faire faire raison. Voicy précisément de quoi il s'agit.

« Mon imprimeur ayant acheté six ballots de papier à Lyon,

(1) Arch. de l'Empire, carton K. 1172.

et quatre ballots de nouveaux caractères, les faisoit conduire de bonne foy à Trévoux, ne supposant pas que sa condition fust pire que celle des imprimeurs de Genève et d'Avignon qui viennent y en acheter tous les jours. Les sindics des libraires de Lyon, avertis par le fondeur des caractères, arrestèrent violemment aux portes les ballots de mon imprimeur.

« L'intendant de ma souveraineté écrivit à Lyon, et demanda justice de cette violence, dont les magistrats de Lyon ont refusé de lui faire raison.

« Je demande que M. de Pontchartrain prenne la peine de mander à M. l'intendant de Lyon qu'on fasse incessamment raison à mon imprimeur de l'injustice qu'on luy a faite, et qu'il donne ordre, s'il lui p'aist, qu'on le laisse à l'avenir jouir paisiblement d'une liberté qu'à peine refuse-t-on aux ennemis de l'état : il est public qu'on achepte tous les jours à Lyon des caractères et des papiers pour l'Espagne. Les imprimeurs d'Avignon, qui sont en grand nombre, ne se pourvoyent point ailleurs, et n'ont jamais esté inquiétés. Je demande qu'on me fasse le même traitement, et qu'il ne soit pas permis à de petits particuliers d'insulter impunément à mon authorité. J'aurois des moyens seurs de les punir, qui certainement seroient approuvés par le roy, et je pourrois aisément leur confisquer à Trévoux plus qu'ils n'ont fait à mon imprimeur. Mais je n'aime pas les voyes de fait, et d'ailleurs je veux devoir la satisfaction qui m'en sera faite à la bonté de ma cause et à l'amitié de M. de Pontchartrain. »

Ceux qui voyaient d'un œil d'envie s'établir à Trévoux une imprimerie, n'en cessèrent pas pour cela leurs menées. Quelques syndics de la librairie de Paris, gagnés par eux, se plaignirent au roi du préjudice que leur causerait une imprimerie libre et à portée de tout contrefaire. Louis XIV voulut s'opposer à son établissement, mais le duc du Maine, son fils, lui présenta, le 10 juin 1697, un mémoire où il combat les objections qu'on lui avait faites, et prouve qu'une telle opposition serait un acte attentatoire au droit de souveraineté dont ses prédécesseurs avaient toujours joui.

Le Rouge, fatigué des difficultés et des intrigues incessantes que lui créait la jalousie, céda son privilége à Lambert Gaspariny, avocat au parlement. Ce dernier fit aussitôt commencer une contrefaçon du *Nouveau-Testament*, au préjudice d'André Praslard, libraire à Paris. Averti par un religieux du couvent de Trévoux, Praslard vint à Lyon, et proposa, pour la faire cesser, 1,400 livres à Gaspariny, qui lui en demandait 3,000. Il alla voir aussitôt M. de Montezan, qui, consultant plutôt l'équité que le droit, ordonna à Gaspariny de surseoir à son impression. Gaspariny céda alors son privilége à un nommé Drapier, qui, malgré la défense faite, fit poursuivre l'ouvrage. Emprisonné à la requête de Praslard, il ne sortit que sous le cautionnement de sa femme, et transigea avec Praslard, qui, lui-même, avait été emprisonné pour avoir dit : « Le duc du Maine, pour un » petit bâtard, fait bien claquer son fouet, » et tenu d'autres propos injurieux.

Drapier abandonna son privilége, et l'imprimerie de Trévoux tomba de nouveau.

IV. JEAN BOUDOT.

Jean Boudot, si avantageusement connu dans la librairie, demanda à succéder à Le Rouge. Après constatation faite, par le premier président du Parlement, de l'abandon fait par ledit Le Rouge et ses ayant cause, un privilége général lui fut accordé le 26 juin 1699 pour rétablir l'imprimerie. Ce privilége révoquait celui accordé à ses prédécesseurs, et l'établissait pour être le seul et unique libraire en la souveraineté ; défendait à quiconque d'avoir des presses et caractères d'imprimerie sans son consentement, et punissait tout contrevenant de 10,000 liv. d'amende applicables, savoir : un tiers à l'hôpital de Trévoux, un tiers audit Boudot, et l'autre tiers au dénonciateur. Il ne pouvait imprimer aucun ouvrage de théologie, si le manuscrit n'était revêtu de l'approbation signée du censeur commis à cet effet, et devait donner, comme l'avaient fait ceux qui tenaient l'imprimerie avant lui, un exemplaire de tous les livres qu'il imprimait au prince, au chancelier et à chacun des commissaires de l'imprimerie.

Boudot s'associa aussitôt Etienne Ganeau. Le duc du Maine, pour leur aider à acheter une partie du matériel, et à faire les premiers frais d'établissement, leur avança 6,000 livres.

Suivant conventions faites à Paris, le 11 août 1699, Boudot céda son privilége à Etienne Ganeau, qui en fut mis en possession par arrêt du Parlement de Dombes, le 1er septembre de la même année.

Boudot et ses enfants restèrent titulaires de ce privilége jusqu'en 1707.

V. ETIENNE GANEAU ET COMPAGNIE.

Boudot étant mort, sa femme et ses enfants, ne mettant pas assez de soin à faire valoir leur privilége, en furent déboutés, et Ganeau devint directeur titulaire de l'imprimerie de S. A. S., le 28 août 1707.

Dès cette année, Ganeau s'associa avec plusieurs libraires qui formèrent la compagnie dite de *Trévoux*. Leurs capitaux réunis permirent de donner encore à l'imprimerie une plus grande extension, et facilitèrent l'entreprise d'un nombre considérable d'ouvrages. En 1723, l'ancien couvent des Pères du tiers-ordre de Saint-François était insuffisant pour contenir tout leur matériel et le nombre nécessaire d'ouvriers. Les associés demandèrent au Prince la concession du jardin dépendant du couvent, pour y faire construire, à leurs frais, un vaste édifice en rapport avec leurs vues ; ce qui leur fut accordé par lettres données à Sceaux au mois de mai de la même année (1). Une grande partie de ces bâtiments fut démolie depuis, mais il en reste encore assez pour faire juger du tout.

En 1732 et 1733, années qui pouvaient servir de moyenne pour la production de l'imprimerie de Trévoux, sept presses fonctionnaient continuellement. Nous ne savons pas au juste quel était le

(1) Archives de la mairie de Trévoux.

nombre d'ouvriers employés. Dans un procès-verbal de visite de M. Cholier de Cibeins pour faire suspendre l'impression du dictionnaire de Bayle, trente personnes qui se trouvaient à cette heure dans l'imprimerie sont mentionnées, savoir: le directeur, nommé Boulay, homme de confiance que laissa Ganeau lorsqu'il quitta Trévoux en 1710, où il résidait depuis 1699; deux correcteurs, dix compositeurs, douze imprimeurs et cinq magasiniers.

La compagnie était composée des libraires suivants: 1° Ganeau; 2° P. F. Emery; 3° Rollin père; 4° Rollin fils; 5° Le Gras; 6° Giffart; 7° Delaulne; 8° Gandouin; 9° Gosselin; 10° Foucault; 11° Clauzier; 12° G. Cereller et 13° Prault fils.

Plus tard, elle compta parmi ses membres Vincent, Desaint; alors l'imprimerie de Trévoux devint véritablement importante. Les associés y trouvant eux-mêmes leur propre intérêt ne négligeaient rien pour la faire fleurir, et souvent, à grands frais, ils faisaient venir de Hollande, d'Allemagne et de Genève, des ouvriers qu'on leur signalait comme très-habiles (1). Plusieurs de ces familles étrangères se fixèrent à Trévoux, que leurs descendants habitent encore. Bientôt, quoique peu d'ouvrages parussent sous son nom, cette imprimerie acquit une réputation méritée, et Brillon nous dit (*Dictionnaire des Arrêts*, p. 91 t. 2) que, de son temps « elle pouvait être considérée comme la rivale de celles de Hollande et le modèle de celles de France. » Les PP. Ménestrier et d'Orival ont fait plusieurs pièces de vers en son honneur.

Elle était activement surveillée par des *commissaires*, qui jouissaient de toute la confiance du Prince. Cette charge, qui n'était qu'honorifique, se cumulait avec les plus grands emplois. Ces commissaires étaient chargés de régler tous les différends qui pouvaient survenir dans l'imprimerie, sans qu'aucune autre intervention pût en connaître, de veiller à ce qu'aucun ouvrage ne s'imprimât sans permission; de recevoir les plaintes et les réclamations du directeur et des associés, et de garantir toujours la libre jouissance des priviléges accordés aux ouvriers imprimeurs.

(1) Arch. de l'Empire. Mémoires dans le carton. *E.* 2788

En 1699, M. Cachet de Montezan, premier président du Parlement de Dombes, fut pourvu de cette charge.

En 1707, M. Desrioux de Messimy, premier président et intendant de la souveraineté.

En 1723, M. Bellet de Tavernost, intendant.

En 1732, M. Pierre Cholier, comte de Cibeins, etc., président en la cour des monnaies de Lyon, conseiller d'honneur au Parlement de Dombes et intendant de la souveraineté.

Voici les noms des censeurs de l'imprimerie que nous avons pu recueillir:

Louis Hideux, docteur de Sorbonne, pourvu le 27 juin 1699; l'abbé de Bellegarde, l'abbé Bosquillon, l'abbé Gollais, et Pierre-Nicolas Blondeau qui étaient censeurs en 1700; Pocquelin, Gillet et Pinson, avocats au parlement de Paris, en 1702; Bourret, Pollet, Le Faverol et Amelot de la Houssaye, en 1704; Geoffroy, de l'académie des sciences, en 1707; Antoine Germain, professeur de droit français à la Faculté de Paris, en 1709; Tournely, pourvu le 14 décembre 1720; Chrysostôme Boursault, le 5 mars 1722; Jacques Brillon, en septembre 1723, et Thierry, en 1733.

Les produits de l'imprimerie de Trévoux sous la compagnie sont trop considérables pour que nous puissions les faire connaître avec détail dans cette notice. Ils demanderaient à eux seuls presque un volume. Des recherches longues et laborieuses nous ont fait découvrir cinq cent quatre ouvrages, et bien certainement ce n'est pas là tout encore. Ces ouvrages représentent un total de 1,485 volumes qui se décomposent ainsi: 37 vol. in-folio, 87 in-4°, 41 in-8° et 1,320 in-12 et plus petit format.

Voici les principaux :

Traité méthodique et abrégé de toutes les mathématiques, par Neuvéglise. *Trévoux*, 1700, 2 vol. in-8.

Mémoire pour l'Histoire des sciences et des beaux-arts, recueillis par l'ordre de S. A. S. Mgr le prince souverain de Dombes. A *Trévoux*, ère de janvier 1701 à avril 1731, 355 tomes (1).

(1) Sur la fin du XVIIe siècle, des journaux hérétiques, d'autres plus ou moins

Nouveau Testament avec des notes critiques et littéraires, par Richard Simon. *Trévoux*, Ét. Ganeau, 1702, 4 vol. in-8.

Dictionnaire universel de Furetière. *Trévoux*, Étienne Ganeau, 1704, 3 vol. in-fol. — Id., 1721, 5 vol. in-12.

Les autres éditions de 1732, 1743 et 1752 ont été faites à Trévoux et publiées sous le nom de Paris.

Bibliothèque curieuse et instructive de divers ouvrages anciens et modernes de littérature et des arts, par le P. Menestrier. *Trévoux*, 1704, 2 vol. in-12.

orthodoxes, la Société du Temple, c'est-à-dire l'école philosophique des princes de Conty et de Vendôme, sapaient la religion.

Les Jésuites, espérant tourner ce mouvement, demandèrent au duc du Maine la permission d'imprimer à Trévoux un journal littéraire, dans lequel, tout en rendant compte de tous les ouvrages qui s'imprimaient en Europe, ils réfuteraient les fausses doctrines qui y seraient émises, et relèveraient les erreurs soit historiques, soit scientifiques que pourraient commettre les auteurs.

En janvier 1701 parut le premier numéro de ce journal, le premier recueil de critique littéraire qu'ait possédé la France. Jusqu'en 1762, c'est-à-dire jusqu'à leur expulsion, il fut rédigé par les Jésuites. De 1701 à 1731 il fut imprimé à Trévoux; puis à Lyon jusqu'en 1734, et enfin à Paris.

De 1701 à 1762 furent chargés de la rédaction les PP. Cotrou, Rouillé, Tournemine, Merlin, Buffier, Marquier, Le Tellier, Chisse, Germon, Ducerceau, Brumoy, Hongnant, d'Orival, Souciet, Bourgeant, Carlevoix, Fontenay, Fleuriac, De la Tour et Berthier.

De 1762 à 1767, le P. Mercier, si connu depuis sous le nom d'abbé de Saint-Léger, de Soissons, fut chargé de la rédaction. De septembre 1764 à octobre 1765, il eut pour coopérateur l'abbé Guyot.

Depuis le mois de juin 1766 jusqu'en 1774, l'abbé Aubert travailla à ce journal. En janvier 1768 il lui donna le titre de *Journal des Beaux-Arts et des Sciences, dédié à Mgr le comte de Saint-Florentin*, etc.

L'abbé Aubert céda son privilége aux anciens auteurs du Journal encyclopédique, les frères Castilhon, de Toulouse, qui le rédigèrent de janvier 1774 à 1778. Ils lui laissèrent le même titre, mais le dédièrent au comte d'Artois.

En 1779, l'abbé Grosier en prit la rédaction et l'intitula : *Journal de littérature, des sciences et des arts*.

Vers 1782 il cessa de paraître.

Scriptura sacra in locos communes morum et exemplarum nova ordine distributa. Auctore Antonio de Basinghem. *Trivoltii*, 1705, in-fol.

Éléments de Géométrie de M. le duc de Bourgogne, par M. de Malézieu. *Trévoux*, 1705, in-4°.

Sermons sur les Évangiles de Carême, etc., par Massillon. *Trévoux*, Étienne Ganeau, 1705.— Il y eut encore à Trévoux deux autres éditions du même ouvrage et de la même année; l'une en 4 vol. et l'autre en 5 vol. in-12; une autre en 4 vol. in-12 en 1706; trois autres en 1708, et plusieurs autres encore dans les années suivantes.

Bibliothèque critique ou Recueil de diverses pièces critiques, dont la plupart ne sont point imprimées ou ne se trouvent que très-difficilement, publiée avec des notes par M. de Sainjole, Richard Simon. *Amsterdam* (*Trévoux*), 1708 et 1714, 4 vol. in-12.

Le Nouveau Mercure, dédié à S. A. S. Mgr le Prince de Dombes. A *Trévoux*, etc., de janvier 1708 jusqu'à mars 1709, et depuis janvier 1711 jusqu'à mai, 8 vol. in-12 (1).

(1) « Ce journal est rare, il a été inconnu à Struve et à l'auteur de la notice latine des journaux qui est à la tête du 1er tome du Polyhistor de Morhoff. L'abbé de Claustre en a parlé comme d'un livre qu'il connaissait peu et qu'il n'avait sensément pas vu. » (*Nyon, dans le catalogue de la Vallière*, tom. III, p. 350, n° 11,146).

« Le Mercure de Trévoux commença à paraître pour la première fois au mois de janvier 1708. On espéra qu'il serait continué exactement, mais comme dans la distribution qui fut faite des matières, chacun ne travaillait pas également, de son côté l'imprimeur attendait longtemps après les auteurs, et se trouva même obligé dans la suite de mettre plusieurs mois ensemble : les nouveaux eurent le temps de vieillir et le public de se rebuter. — Le Mercure tomba au mois d'avril 1709; après une interruption de dix-huit mois, il s'est formé une société qui a entrepris de le rétablir et de le donner au public régulièrement tous les mois. (*Mercure de Trévoux*, janvier 1711, pages 8 et 9).

Ce Mercure avait été fondé par Nabal et Piganiol. Son plan est à peu près celui du Mercure rédigé par Du Fresny; mais il fit ce que n'avait pas osé tenter ce dernier, c'est-à-dire qu'il donna la critique des pièces de théâtre. Il peut encore être consulté avec fruit.

Le droit de la Nature et des gens, etc., traduit du latin du baron de Puffendorf avec des notes par J. Barbeysac. *Amsterdam* (*Trévoux*), 1712, 2 vol. in-4°.

Histoire des deux Triumvirats, etc., par Lavrey. *Amsterdam* (*Trévoux*), 1715, 4 vol. in-12. — Cet ouvrage a été réimprimé sous sa véritable rubrique à Trévoux en 1741.

Pensées diverses écrites à un docteur de Sorbonne, à l'occasion de la comète qui parut au mois de décembre 1680, par Bayle, 5e édition. *Rotterdam* (*Trévoux*), 1721, 4 vol. in-12.

Mémoires de Brantôme, etc. *Leyde* (*Trévoux*), 1722, 10 vol. in-12.

Les œuvres d'Estienne Pasquier, etc. *Amsterdam* (*Trévoux*), 1723, 2 vol. in-fol.

Mémoires de Villeroy, 7 vol. in-12. *Amsterdam* (*Trévoux*), 1723.

Histoire des Révolutions d'Angleterre du P. Joseph d'Orléans. *Paris* (*Trévoux*), 1724, 4 vol. in-12.

Entretiens sur les vies et les ouvrages des plus excellents peintres, la vie des architectes, etc., par Félicien. A *Trévoux*, de l'imprimerie de S. A. S., 6 vol. in-12, fig.

Mémoires de Sully. *Amsterdam* (*Trévoux*), 12 vol. in-12.

Essais de Michel de Montaigne. *Paris* (*Trévoux*), 1725, 3 vol. in-4°.

Histoire d'Angleterre, etc., par Paul de Rapin-Thoyras. *La Haye* (*Trévoux*), 1725 et années suivantes, 15 vol. in-4°.

Histoire des dernières révolutions d'Angleterre, par Burnet. *La Haye* (*Trévoux*), 1727, 7 vol. in-12.

Le Droit de la Guerre et de la Paix, par Hugues Grotius, traduit par Jean Barbeyrac. *Amsterdam* (*Trévoux*), 1729, 2 v. in-4°.

Dictionnaire critique de Bayle. *La Haye* (*Trévoux* et *Paris*), 1734, 5 vol. in-fol.

Intérêts présents des Puissances de l'Europe, fondés sur les Traités, etc., par J. Rousset. *La Haye* (*Trévoux*), 1734 et suivantes, 17 vol. in-12.

Œuvres diverses de Bayle. *La Haye* (*Trévoux*), 1737, 4 v. in-folio.

État de la France, par le comte de Boullainvilliers. *Londres* (*Trévoux*), 1737, 6 vol. in-12.

Lettres et Mémoires de Mme Dunoyer. *Londres* (*Trévoux*), 1739, 6 vol. in-12.

Le Spectateur ou le Socrate moderne, traduit de l'anglais, d'Addison et Steele. *Amsterdam* (*Trévoux*), 1741, 6 vol. in-12.

Recueil de pièces choisies, tant en prose qu'en vers, contenant les œuvres de La Suze et de Pellisson, etc. *Trévoux*, 1741, 5 vol. in-12.

Histoire du royaume de Naples, traduit de l'italien, de P. Giannone. *La Haye* (*Trévoux*), 1742, 4 vol. in-4°.

Histoire des aventuriers, flibustiers qui se sont signalés dans les Indes, etc., par Alexandre-Olivier Œxmelin. *Trévoux*, 1744, 4 vol. in-12, fig.

Mémoires de Mlle de Montpensier. *Amsterdam* (*Trévoux*), 1746, 8 vol. in-12.

Histoire d'Angleterre depuis l'établissement des Romains dans la Grande-Bretagne, etc., par Paul de Rapin-Thoyras. *La Haye* (*Trévoux*), 1749, 16 vol. in-4°.

Histoire de Louis XIII, contenant les choses les plus remarquables arrivées en France et en Europe depuis la minorité de ce prince jusqu'à la mort de Villeroy, etc., par Michel Levassor. *Amsterdam* (*Trévoux*), 1757, 7 vol. in-4°.

On est étonné et avec raison de voir, parmi les quelques ouvrages que nous venons de citer, un si grand nombre d'imprimés sous une fausse rubrique. La contrefaçon était une nécessité pour l'imprimerie de Trévoux, et même la condition essentielle de son existence. Le privilége accordé par le duc du Maine pour l'impression d'un livre n'avait réellement de vigueur que dans sa souveraineté, et était en quelque sorte illusoire en France; la Dombes, à cette époque, était considérée comme étrangère au royaume. Si donc un ouvrage édité à Trévoux avait de la vogue, il était impunément réimprimé soit à Lyon, à Paris ou ailleurs. Agir de retour était chose facile, mais des plaintes, que guettait la jalousie pour les envenimer encore, s'élevaient de toutes parts, et le Prince, trop faible souverain en Dombes, n'osait invoquer le droit de représailles. Il fallut bientôt chercher d'autres ressources.

De tout temps l'industrie principale de la Hollande fut de contrefaire les meilleurs livres imprimés en France; leur débit à l'étranger et leur introduction frauduleuse dans le royaume causaient un préjudice à la librairie. Par contre, soit clandestinement, soit par privilége tacite, on réimprimait leurs bons ouvrages à Paris, à Lyon, à Rouen, etc.; la police fermait les yeux, et la vente en était tolérée.

La Compagnie des libraires de Trévoux, surtout depuis 1708, se mit à exploiter sur la plus vaste échelle presque exclusivement ce genre de contrefaçon. La beauté du papier et du caractère, et la netteté de l'exécution typographique firent presque toujours préférer la contrefaçon à l'édition originale, et la compagnie se vit souvent dans la nécessité de réimprimer le même ouvrage plusieurs fois dans la même année, ou pendant plusieurs années consécutives. Les libraires de la Haye et d'Amsterdam se plaignaient du préjudice au duc du Maine (1), qui apostillait ainsi leur requête : « Renvoyée à Monsieur de Torpanne; je ne connais nullement cet homme; je ne sais pas ce qu'il veut dire. » Le chancelier chargeait alors un des sociétaires de leur répondre, qui s'en acquittait par de justes et virulents reproches. Les Hollandais décriaient alors les éditions dans leurs journaux littéraires. Mais le public était juge.

Un œil exercé reconnaît facilement les éditions de Trévoux, surtout celles postérieures à 1732, au caractère qui sortait de la fonderie établie en Dombes, en 1731, par Christophe Moucherel. La plupart des in-12 édités sous une des fausses rubriques de Hollande ou d'Allemagne portent dans le titre une sphère sur bois, beaucoup plus grossièrement faite et bien différente de celles employées par les libraires de ces deux pays. Ne pouvant assez exactement la décrire, nous en donnons à la fin de notre article un dessin fidèle. C'est une marque certaine pour reconnaître les produits des presses trévoltiennes.

(1) Archives de l'Empire, carton E, nº 2788.

Les in-folio et les in-4° sont reconnaissables par la capitale initiale des chapitres. Elle est en blanc dans un carré haché selon l'azur du blason et semé de fleurs de lis. La lettre broche sur le tout.

Il ne faut pas considérer comme contrefaits les ouvrages imprimés à Trévoux sous le nom de Paris. Les associés, pour se mettre à l'abri de la contrefaçon, surtout depuis celle qui fut faite à Nancy du dictionnaire de Furetière, prenaient un privilége du roi pour l'impression du livre qu'ils éditaient à Trévoux, et, comme il aurait été irrationnel de le dater d'une ville qui ne faisait pas partie du royaume, ils le publiaient sous le nom de Paris.

Sous le duc du Maine et Louis-Auguste II, son fils aîné, l'imprimerie de Trévoux s'accrut de plus en plus. Depuis l'avénement du comte d'Eu, elle déclinait de jour en jour, et à la réunion de la Dombes à la France (août 1762), perdant tout à la fois et ses priviléges particuliers et l'appui d'une protection spéciale, elle tomba tout à fait, et la modeste imprimerie qui la remplaça prit le nom d'*Imprimerie du Roi*.

Lyon.—Imprimerie d'Aimé Vingtrinier, quai St-Antoine 36.

www.ingramcontent.com/pod-product-compliance
Ingram Content Group UK Ltd.
Pitfield, Milton Keynes, MK11 3LW, UK
UKHW032039260826
14628UKWH00007B/3074

9 782011 905734